19 エジプト

国名／エジプト・アラブ共和国
面積／約100万km²
人口／9,304万人
首都／カイロ
言語／アラビア語、都市部では英語も通用

20 ジンバブエ

国名／ジンバブエ共和国
面積／38.6万km²
人口／1,560万人
首都／ハラレ
言語／英語、ショナ語、ンデベレ語

21 タンザニア

国名／タンザニア連合共和国
面積／94.5万km²
人口／5,731万人
首都／ドドマ（法律上の首都。事実上の首都機能を有するのはダルエスサラーム）
言語／スワヒリ語（国語）、英語（公用語）

22 チュニジア

国名／チュニジア共和国
面積／16万3,610km²
人口／1,140万人
首都／チュニス
言語／アラビア語（公用語）、フランス語

23 ナイジェリア

国名／ナイジェリア連邦共和国
面積／923,773km²
人口／1億8,599万人
首都／アブジャ
言語／英語（公用語）、各民族語（ハウサ語、ヨルバ語、イボ語など）

24 モロッコ

国名／モロッコ王国
面積／44.6万km²
人口／3,528万人
首都／ラバト
言語／アラビア語（公用語）、ベルベル語（公用語）、フランス語

25 リビア

国名／リビア
面積／176万km²
人口／638万人
首都／トリポリ
言語／アラビア語

26 ルワンダ

国名／ルワンダ共和国
面積／2.63万km²
人口／1,191万人
首都／キガリ
言語／ルワンダ語、英語、フランス語、スワヒリ語

※外務省ホームページより（2018年10月末時点。日本の情報をのぞく）。

池上彰と考える「民主主義」1 民主主義ってなに？

監修／池上彰　編／こどもくらぶ

岩崎書店

❶ 2011年1月、ムバラク大統領の退陣を求め、首都・カイロでデモ行進をするエジプト国民（→P30）。
❷ 金政権による独裁国家、北朝鮮の軍事パレード。
❸ フランス国王ルイ14世。自分の考えだけで政治をおこなったといわれ、「最強の専制君主」とよばれた（→P9）。

写真：AP／アフロ

はじめに

あなたは、新聞やテレビで「○○政権崩壊」ということを聞いたことがあるでしょう。

2011年、エジプトでは30年間政権をにぎりつづけてきたムバラク大統領に対し、国民が「もう辞めろ！」と声をあげ、100万人もの人が集会を開くなどして反対した結果、ついに辞めざるを得なくなり、その後、逮捕されました。また、日本のとなりの韓国でも朴槿恵大統領の汚職を疑った国民が猛反発。2016年、政権が崩壊しました（その後裁判で実刑判決）。

どちらの国も、大統領を選挙で選ぶ制度をとっている民主主義の国ですが、なぜ、こういうことが起こるのでしょうか？

そうなるとあなたは、「民主主義国家とは、いったいどういう国のことをいうのか？」「そもそも民主主義ってなんだろう？」と思いませんか。

このことについて、この本の監修の池上彰先生が、小学生たちに質問したところ、次のように答えがかえってきたといいます。

◆1人で決めるのではなく、みんなで決める国
◆多数決でものごとを決める国
◆選挙でいろいろなことを決める国
◆国民の意見を聞きいれる国
◆国民が中心の政治をおこなう国
◆1つの党だけでなく複数の党で政治をやる国

じつは、国名に「民主主義」がついている国も、その実態は「独裁国家」だということがあります。その典型が、北朝鮮！　日本では、朝鮮半島の北側にあるこの国を、「北側の国」という意味で「北朝鮮」とよんでいます。なぜなら、国交がないからです。北朝鮮の正式名称は、朝鮮民主主義人民共和国ですが、実際は、金日成・金正日・金正恩と、親子三代続く独裁国家なのです。

これらの意見はどれも「民主主義国」のことについて、正しく説明しています。

ところが冒頭に記したエジプトは、大統領を国民が選挙で選んで、多数決で決めていますし、憲法に、国民が中心になって政治をおこなう（「国民主権」という）と書いてある国です。ということは、エジプトも民主主義国家のはずです。それでも長年、独裁政権が続いてきました。

©Wanghanan I Dreamstime.com

　このシリーズ、「池上彰と考える『民主主義』」は、次の3巻で構成してあります。

1 民主主義ってなに？
2 民主主義の国、そうでない国
3 日本の民主主義はどうなのか？

　現在の世界にどのような国があるのかは、下の色分けされた地図を見れば、おおよそわかるでしょう。

　このシリーズでは、こうした世界の国ぐにのようすにふれながら、いろいろな面から民主主義がどういうことかについて、あなたといっしょに考えていきたいと思います。

　なお、読者のあなたたちには、現在の日本が本当に民主主義の国であるかについても、自分自身の意見をしっかり述べられるようになってほしいという思いが、このシリーズを企画した背景にあることをつけくわえておきます。

子どもジャーナリスト
Journalist for children
稲葉茂勝

●世界の国の民主主義指数※をもとにした色分け地図

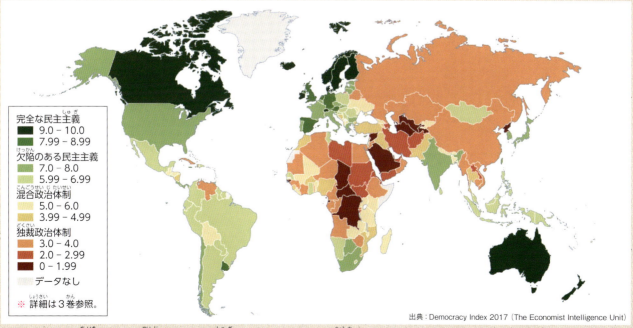

完全な民主主義
9.0 – 10.0
7.99 – 8.99
欠陥のある民主主義
7.0 – 8.0
5.99 – 6.99
混合政治体制
5.0 – 6.0
3.99 – 4.99
独裁政治体制
3.0 – 4.0
2.0 – 2.99
0 – 1.99
データなし

※詳細は3巻参照。

出典：Democracy Index 2017（The Economist Intelligence Unit）

＊世界167の国と地域を対象に、政治に関する民主主義のレベルを5つの部門で評価し、数字であらわしたもの。

もくじ

はじめに	2
01 「民主主義」という言葉	6
02 民主主義政治の反対は？	8
03 世界の独裁政治を見てみよう！	10
もっとくわしく！ 世界の独裁者①	12
04 社会主義と資本主義	14
05 国民に支持されつづける専制政治	16
もっとくわしく！ 世界の独裁者②	18
06 「民主化」ってどういうこと？	20
07 「アラブの春」とは？	22
08 世界の長期政権	24
09 中国の民主化とその弾圧	26
資料編 最近のニュースに出てきた独裁者	29
全巻さくいん	30

写真：GRANGER.COM/アフロ

この本の特徴

この本をより深く理解できるように、本の特徴を知っておきましょう。

● ページ左上のリードや、文章中の見出しは、みなさんに伝えたい内容を短くまとめたものです。まず見出しに目を通すことからはじめてください。内容がより理解しやすくなります。

● 全体の文章に登場したことがらについて、「プラス1」として、よりくわしい解説を紹介してあります。

● 文章中で説明しきれない用語は、文字を青色にし、ページ下にまとめて解説してあります。わからない用語が出てきても、その場で理解することができます。

もっとくわしく！

全体の流れに関連して、さらにくわしく理解するために役立つ情報が、「もっとくわしく！」としてまとめてあります。

資料編

巻末には、本文で紹介しきれなかった国や、民主主義に関連する人物、できごとを、資料としてまとめてあります。

見返し*

このシリーズ1～3巻の本文に登場する国の基本情報一覧。
（ページ下の「用語解説」および図表内の表記、現存しない国はのぞく）

＊本の表紙・うら表紙を開いたところ。

全巻さくいん

シリーズ全3巻を通して、どの用語がどの巻・ページにのっているかがわかります。

5

01 「民主主義」という言葉

「民主主義」は、だれでもよく耳にする言葉です。でも、あらためて「民主主義とはなにか？」と問われると、どう説明すればよいかわからないという人が、多いのではないでしょうか。

辞書に書かれた民主主義の歴史

辞書・事典には、民主主義の歴史について、次のように書いてあります。

- ギリシャ都市国家に発し、近代市民革命により一般化した。現代では、人間の自由や平等を尊重する立場をも示す。
（三省堂／大辞林 第三版）

- 古代ギリシャに始まり、17、18世紀の市民革命を経て成立した近代国家の主要な政治原理および政治形態となった。
（小学館／デジタル大辞泉）

- 民主主義の制度（民主制）は古代ギリシアに発するとされるが、それは少数の自由市民の参政権を認めたにすぎなかった。近代的な民主主義は、市民社会の成立によって広まり、政治的平等の原則に立ち議会制度に基礎を置く自由主義的なブルジョア民主主義が発達。さらに社会主義の展開に伴い、人民大衆の直接参政と経済的平等の原則に立つプロレタリア民主主義、また第2次大戦後には、人民民主主義、新民主主義と呼ばれるものが生まれた。（中略）現代においては、それら制度の民主的運営をどのように実体化するのかという〈民主化〉の問題が焦点となっているといえよう。
（平凡社／百科事典マイペディア）

この3つに共通して書かれているとおり、民主主義は、17〜18世紀にヨーロッパで起こった市民革命（→「プラス1」）にはじまりました。

民主
その国の主権が国民にあること（国民主権）。

主義
①常にもっている主張・考えや行動の指針。
②特定の理念にもとづく学説や思想上の立場。

また、政治や経済の制度が民主的に運営されていることが、民主主義の原則となっています。この場合の「民主的」とは、左上に引用した文章にあるとおり、「自由や平等を尊重する立場」でということです。

プラス1 市民革命

民衆が君主をたおし、国を運営する権力を獲得する政治変革のこと。それまでの体制をこわし、民衆（国民）から代表を選んで国を運営していく体制をつくった。フランス革命やイギリス革命などの市民革命が知られている。

君主：世襲により国家を治める最高位の人。皇帝や帝王とよばれることもある。
フランス革命：1789〜1799年にフランスで起こった、市民らによる革命。革命によりそれまでの貴族の特権が廃止され、三権分立（→P27、2巻P12）が確立されるなど、フランス社会が根本から改革され、ヨーロッパ全土にも影響をおよぼした。
ルネサンス：14〜15世紀、イタリアを中心に広くヨーロッパに展開した学問・芸術の革新運動。政治、社会、宗教などに影響をあたえた。

民主主義のはじまりは？

　現在の世界で起こっている、さまざまな問題の背景を正しく理解して、自分なりの見方や考え方をもつためには、歴史を知る必要があります。この本のテーマ「民主主義ってなに？」を考えるためには、民主主義がどのような歴史のなかで生まれ、現代にいたっているかを理解する必要があります。

　民主主義をあらわす英語「デモクラシー（democracy）」は、ギリシャ語で「民衆」の意味の「デーモス（demos）」と「支配」「権力」の意味の「クラティア（kratia）」が組みあわさってできたものです。そのまま日本語にすると「民衆（国民）支配」。「民衆（国民）は自分たちのことを自分たちで支配する（国民のことは国民で決める）」ということになります。これが「国民主権」です。

　「主権」とは、国を統治する権利のことです。じつは、国民主権という考えが登場する以前は、民衆が君主に支配され、自分たちのことを自分たちで決められない「君主主権」の時代が長く続いていました。

一部の人が主権をもつとどうなる？

　政治や裁判など、国の運営に関するあらゆることをすべて君主が決める「君主主権」が続いたヨーロッパでは、国民の意見はまったく無視され、君主の好き勝手な政治がおこなわれていました。

　ところが、17〜18世紀、紀元前のギリシャで生まれた民主主義という考え方がヨーロッパに急速に広がりました。ルネサンスや宗教改革の影響もあって、人びとはしだいに自由に目覚めていきました。まもなく起きたのが、イギリス革命（→2巻P6〜7）やフランス革命などの市民革命でした。その時期の民主主義を明確にまとめてしめしたのが、イギリスのジョン・ロックとフランスのジャン＝ジャック・ルソーで、2人の基本的な考えは、「基本的人権と国民主権」および「自由と平等」でした。

1789年7月14日、君主（王）にたてつく政治犯が多く収容されていたパリのバスティーユ牢獄を、民衆が襲撃。これを引き金に、フランス革命へと発展した。

宗教改革：16世紀にドイツのキリスト教神学者のマルティン・ルターによってはじまった運動。ローマ法王の権威と聖職者の特権を否定し、カトリックを支持する皇帝に対して抗議した。運動に参加した人は「プロテスタント」（抗議する人）とよばれた。
ジョン・ロック：1632〜1704年。イギリスの哲学者。ジェームズ2世の王政に反対し、オランダに亡命したが名誉革命後に帰国。
ジャン＝ジャック・ルソー：1712〜1778年。フランスの哲学者。

ブルボン朝第3代フランス国王ルイ14世。「太陽王」と形容されるほど絶対的な権力をもっていた。

02 民主主義政治の反対は？

民主主義政治とは、「国民を支配する権利を、国民がもつ政治」のことで、「多数の人による政治」を意味しています。これに対して「少数による政治」が、専制政治や独裁政治です。

専制政治と独裁政治のちがい

「専制政治」と「独裁政治」はどちらも、個人または少数のグループが国民を支配する政治のことをさします。でも、この2つは、本質的にまったくことなったものなのです。

「専制政治」は、ヨーロッパで市民革命（→P6〜7）が起こる以前の、支配する側と支配される側とが完全に断絶していた時代に、君主によっておこなわれていた政治です。

一方、「独裁政治」は、たいてい社会が混乱したときや、経済がひどい状態のときに、国民の支持を得て登場した人物によっておこなわれる政治のことです。ただし、独裁政治は民主主義のかたちをとることがあります（→P10）。

専制政治	独裁政治
支配する側と支配される側が、身分的に区別されていて、支配される側は政治に参加できない。	ある一個人や少数のグループ、または一党派が絶対的な権力をもって民衆（国民）を支配する。ただ、その独裁者を選んだのは民衆であることが多い。

ルイ14世：1638〜1715年。ブルボン朝第3代のフランス国王（在位1643〜1715年）。ヴェルサイユ宮殿の建設などをおこなった。
ブルボン朝：1589年にアンリ4世が創始したフランスの王朝。1792年、ルイ16世の時代にフランス革命が起こり、ナポレオンによって打倒された。1814年にルイ18世によって復活したが、1830年にふたたび革命が起こり、当時の王シャルル10世は亡命し、ブルボン朝もとだえた。

史上最強の専制君主

　人類は、歴史上に多くの専制君主を生みだしてきました。時代や地域によってかたちはさまざまですが、「最強の専制君主」はだれかと問えば、フランスのルイ14世（→左の絵）をあげる人が多いといわれます。ルイ14世は、自分の考えだけで政治をおこない、ほかの人の意見は一切無視したといわれています。

プラス1　「朕は国家なり」

　17世紀、フランス（ブルボン朝）国王ルイ14世は、対立関係にあった高等法院に対して「朕（自分をさす言葉）は国家である」といったとされ、その後、絶対王政（王が絶対的な権力をもつ政治）のあり方をしめす言葉として有名になった。ただし、ルイ14世が本当にそういったかどうかはわかっていない。

アジア的専制

　歴史上、世界の専制政治には「アジア的専制」とよばれるものがありました。「アジア的」というのは、ヨーロッパでは市民革命以後、民主主義が広がっていったのに対し、アジアでは依然として君主による専制政治が続いていたことによるものです。

　さらに、アジア的専制では、自分の専制政治が完ぺきに正しいとするために、自分のいうことは「神の意思による」とした、という特徴があります。

　じつは、明治時代の日本も、アジア的専制の典型だったといわれています。当時、日本は、イギリス、アメリカ、フランスなどの民主主義国に追いつこうとし、天皇を君主とする専制政治をおこない、近代化を進めました。その時代、天皇は神とみなされていたのです（→2巻）。

ロシアのツァーリズム

　17世紀終わりごろのロマノフ朝ロシアは、ピョートル1世が、ヨーロッパ文化や制度を導入して民衆を支配していましたが、18世紀初頭になると、権力を集中して、「ツァーリ」（ロシアの皇帝のこと）による支配を完全なものにしました。これは「ツァーリズム」とよばれる、皇帝による専制政治が確立したことを意味します。

1709年にスウェーデンとロシアのあいだで起きた「ポルタヴァの戦い」をえがいた絵。ピョートル1世ひきいるロシア軍が勝利した。

ロマノフ朝：1613年にミハイル・ロマノフが創始したロシアの王朝。1917年の革命で打倒された。

ピョートル1世：1672～1725年。ミハイル・ロマノフの孫にあたる。1696年から単独の王位についた。西ヨーロッパの技術や文化の輸入を進める一方で、スウェーデンとの北方戦争（1700～1721年）などで領土の拡大をはかり、ヨーロッパにおける地位を高めた。1721年、「大帝」の称号をおくられ、ロシア帝国を築いた。

03 世界の独裁政治を見てみよう！

8ページに記したとおり、「独裁政治」は、個人か少数のグループで国民を支配する政治のことです。また、中国や北朝鮮では、1つの政党だけが絶対的な政治権力をもつ「一党独裁」(→右ページ)というかたちの独裁政治がおこなわれています。

古代ローマで独裁政治をおこなったカエサル。

独裁政治のはじまり

世界では、国民が選んだ人物が独裁者となって、好き勝手な独裁政治をおこない、国民を苦しめる例がいくらでもあります。

古くは、古代ローマにまでさかのぼります。

当時、民衆が自分たちでつくった手続きにしたがって選んだ人物が、独裁政治をおこなうことがみとめられていたのです。なぜなら、有能な独裁者がいれば、国の運営がうまくいき、国が発展するという面があったからです。でも、内乱や戦争が起きて社会が不安定になり、独裁政治のよい面が消えていくと、独裁者によって民衆が苦しめられることになります。歴史上の独裁者は、社会の混乱期に多くあらわれるといわれています。

近代の独裁者の特徴

独裁者のなかには、もともと民衆から選ばれた人だったのが、クーデター(→「プラス1」)や革命によって、しだいに独裁者になっていったというケースが多くあります。これは、近代の独裁者の大きな特徴だといえます。歴史上最悪といわれるナチス・ドイツのヒトラー(→P12)も、民主主義の手続きを無視して国民の代表者になったわけではありません。

プラス1 クーデターと革命

「クーデター」とは、もともと国民を支配する側にいた人たちの一部が、武力で権力を拡大したり全面的にもとうとしたりすることをさす。支配体制内の権力争奪である点で、革命ともちがう。歴史上もっともよく知られるクーデターは、1799年、フランスのナポレオンが起こしたクーデターである。

古代ローマ：紀元前8世紀、イタリア半島中央部に誕生した都市国家ローマのこと。紀元前1世紀に地中海を支配下におさめ、強大な国家へと成長した。
カエサル：ガイウス・ユリウス・カエサル。英語名ジュリアス・シーザー。紀元前1世紀ごろに生きた古代ローマの軍人・政治家。
ナチス・ドイツ：ヒトラーが指導するナチスが政権をとった、1933〜1945年までのドイツのよび方。
ナポレオン：ナポレオン・ボナパルト。1769〜1821年。フランスの軍人・政治家。1799年にクーデターを起こして実権をにぎり、1804年にフラン

1938年、青少年団体に向けて演説するナチス・ドイツの独裁者、ヒトラー。　写真：GRANGER.COM/アフロ

一党独裁とは？

　1つの政党が、国の政治権力を独占する政治状態のことを「一党独裁」といいます。

　「一党独裁」は、古代ローマでも、個人による独裁とはことなるものとしておこなわれていました。近代になってからは、ドイツ（ナチス・ドイツ）やイタリア（ムッソリーニ政権）などでも見られました。現在では、中国と北朝鮮などの国ぐにで一党独裁がおこなわれています。

　なお、中国と北朝鮮の2か国は、ともに憲法などで公式に「独裁」を明記しています。中国では、『中華人民共和国憲法』に「人民民主独裁」とし、北朝鮮では、『朝鮮民主主義人民共和国社会主義憲法』で「党の領導（統率して指導すること）」と記しています。ただし、北朝鮮の場合は実際には、世襲制による個人の独裁状態となっています。

　なお、一党独裁の国でも、ほかの政党がないわけではありません。権力が集中する1つの政党以外にも、いくつかの政党があります。ところが、ほかの政党は独裁政党に対し、異議をとなえることができないようになっています。

独裁政治が続く背景

　独裁政治による混乱は、社会的な不安定を背景にして起きると、前で記しましたが、具体的に見れば、民主主義の国でも権力をにぎる立場の人が、長いあいだその立場についている場合、独裁色がどんどん強くなっていくといわれています。

　そのため、一般に、権力が1人に集中しないように憲法や法律で決めていたり、1人が長いあいだ同じ立場や職にいることを禁じたりしています。

　ところが、独裁者は権力を手に入れると、それを手ばなしたくないのがふつうです。そのため、憲法や法律をかえようとすることもよくあります。独裁者が権力をにぎっているあいだに、自分に都合のいいように憲法や法律がかえられてしまうと、その国の独裁政治が長く続いてしまうことになります。

スの皇帝に即位した。ナポレオン法典をはじめとした国内のいろいろな制度を定め、他国とも戦争を起こした。
ムッソリーニ：ベニート・ムッソリーニ。1883〜1945年。イタリアの政治家。第一次世界大戦後、ファシスト党を結成し、1922年に首相ほか、いくつもの役職を兼任して独裁体制を樹立。ナチス・ドイツ、日本と三国同盟を結び、第二次世界大戦に参戦。
世襲制：身分・財産・職業などを子孫に受けついでいく制度。

世界の独裁者①

歴史上には悪名高い独裁者が多くいます。ここでは、そのなかでも、もっとも民衆（国民）を苦しめた人物について見てみましょう（カッコ内は生没年）。

アドルフ・ヒトラー（1889〜1945年）

ヒトラーは「史上最悪の独裁者」などといわれるドイツの政治家です。彼は、国家社会主義ドイツ労働者党（ナチス）の指導者でしたが、大統領による指名を受けてドイツの首相に就任すると、自分に反対する人や政党をさまざまな手をつかってつぶしていきました。そして、1934年に前大統領が死去すると、大統領を継承し、最高指導者（総統）となって「ナチス＝国家」という支配体制を築きあげました。ヒトラーが史上最悪といわれるのは、領土拡大のため他国を侵略した（これをきっかけにイギリス、フランスとの戦争、そして第二次世界大戦突入）ほか、人種主義的思想（ナチズム）という考えから、「優秀な血統であるドイツ民族が世界を支配する運命だ」などと主張し、ユダヤ人や障がい者を弾圧・抹殺する大虐殺（ホロコースト）をおこなったからです。

最後は連合国の反撃を受け、すべての占領地と本土領土を失い、ドイツ政府は崩壊。ヒトラー本人は、包囲されたベルリン市の総統地下壕内で自殺したとされています。

ヨシフ・スターリン（1878／1879〜1953年）

ソ連（→P14）の軍人だったスターリンは1924年、レーニンの死後、その後継者争いを勝ちぬき、最高指導者としての立場につき、独裁者として君臨しました。1930年代には彼に反対する人をきびしく弾圧。多くの人が収容所に入れられたり処刑されたりしました。

彼は、農業をすべて国が管理するといった政策をとり、一方、工業重点化政策をおしすすめ、ソ連が世界第2位の経済大国になる基礎をかためたといわれています。ところが深刻な食料不足が起こり、300万人以上の餓死者を出したといわれています。

ただ、生きているあいだは英雄とみなされ、死んでから実情が明らかになりました。

フランシスコ・フランコ（1892〜1975年）

1936〜1939年、スペインで内戦が起こり、自ら「国家元首」を名乗ったフランコが率いる反乱軍が勝利しました。フランコは軍

ユダヤ人：ユダヤ教を信じる人びと。各地で迫害されてきた歴史をもつ。1948年にユダヤ人国家イスラエルの建国を宣言した。
連合国：第二次世界大戦で、日本、ドイツ、イタリアなど枢軸国に対抗して戦ったアメリカ、イギリス、フランスなどの国ぐにをまとめたよび方。
レーニン：ウラジーミル・レーニン。1870〜1924年。ソ連建国の父といわれる。ロシア王政期に革命運動をおこなった。1917年、ロマノフ王朝を打倒した臨時政府に対する革命を成功させ、社会主義政権を樹立した。

の力を背景に独裁政権を樹立し、スペインの文化的統一を強引におしすすめます。とくにバスクやカタルーニャなど、各地の独自の民族文化をきびしく弾圧し、10万人以上の市民が殺されたともいわれています。

フランコは亡くなるまで国家元首でしたが、後継者には前国王の孫フアン・カルロスを指名していました。カルロスはフランコの死後に王政を復活させましたが、1978年に民主憲法を制定するなど、民主化を進めました。

毛沢東
（1893〜1976年）

© Wangkun Jia | Dreamstime.com

評価が分かれる独裁者は、なんといっても中国の毛沢東でしょう。現在でも中国人のなかには、毛沢東を敬愛する人が非常に多くいます。

毛沢東は、中国（中華人民共和国）を建国した中心人物で、建国から死去するまで同国の最高指導者でした。当初は、新民主主義社会の建設を目標に「穏健で秩序ある」改革を進めていましたが、多くの知識人などから独裁化を批判されると、1952年9月、突然に社会主義（→P14）に移行することを表明。反対勢力の弾圧を開始し、50万人以上を投獄したり殺害したりしました。1958年にはじめた「大躍進政策」が失敗した結果、数年間で数千万人が餓死したといわれています。

このため、毛沢東はヒトラー、スターリンとならぶ「世界三大大量殺戮者」にあげられることがあります。

ポル・ポト
（1925／1928〜1998年）

カンボジア共産党書記長だったポル・ポト（本名サロット・サル）は、親米派のロン・ノル政権との内戦の末、1975年にカンボジア（民主カンプチア）で全権をにぎりました。ポル・ポト派（クメール・ルージュ）は、「原始共産主義社会（人類の初期の狩猟採集社会に見られる、支配のない平等な共産主義（→P15）社会）」をめざすという名目のもと、急激な農業化と教員や医師などの知識階級の徹底的な弾圧をおしすすめました。ポル・ポトが首相を辞任する1979年までの数年間に犠牲となったのは、大量虐殺、飢餓や伝染病のまん延をふくめ、数百万人にのぼるといわれます。

金正日
（1941〜2011年）

Photographed by Nicor.

金正日は、北朝鮮（朝鮮民主主義人民共和国）を建国した金日成の息子で、父の没後から3年後の1997年に北朝鮮の第2代最高指導者の地位につきました。国防委員会委員長、朝鮮人民軍最高司令官、中央委員会総書記などの役職を独占。その圧政により国民が飢餓に苦しんでいるにもかかわらず、ミサイルなどの軍事に莫大な金額をついやし、自身は裕福な生活をしていたとされています。世界の独裁者のなかでも、民衆を苦しめたという点ではヒトラーをこえているといわれることもあります。

新民主主義社会：毛沢東が1940年に発表した著作のなかでとなえた、新しい革命理論。生産力がつくまでの一定期間は資本主義をみとめ、段階的に社会主義をめざすことを想定していた。
大躍進政策：農業、工業の大増産を目的として、1958年に導入された政策。多くの餓死者を出し、数年で失敗に終わった。
金日成：1912〜1994年。北朝鮮の政治家、軍人。朝鮮労働党を結成し、北朝鮮（朝鮮民主主義人民共和国）を建国し、初代最高指導者に就任。

04 社会主義と資本主義

「民主主義」という言葉とは別に、「社会主義」「資本主義」という言葉があります。第二次世界大戦後しばらくのあいだ、世界は社会主義国のグループ（陣営）と資本主義国のグループに二分されていました。

社会主義とは

「社会主義」とは、「社会にくらす人びとすべてで財産を分けあう」という考え方のことです。「貧富の差をなくし、平等な社会をめざす」「人びとが働いて得た財産は国が一度あずかり、あらためて人びとに平等に配る」、こうした考えで国を運営しようとした国（社会主義国）が、かつて世界じゅうに多くありました。

世界で最初に社会主義を導入した国は、ソ連（ソビエト社会主義共和国連邦）で、現在のロシアにあたります。

冷戦時代

社会主義国は、第二次世界大戦後、ソ連の西側に隣接する東ヨーロッパを中心として世界じゅうにふえていました。その結果、世界はソ連をリーダーとする社会主義国陣営と、アメリカに率いられる資本主義国陣営とに分かれるかたちで、たがいに対立していました。

ところがその対立は、戦争にまではなりませんでした。そのため「冷たい戦争（冷戦）」とよばれ、しかもヨーロッパを中心にして見ると、東側に社会主義国があり、西側に資本主義国があることから「東西冷戦」ともよばれました（→左の世界地図）。

しかしその後、ソ連は経済政策の失敗などによってどんどん弱体化していき、1991年についに崩壊。また、ほかの社会主義国も同じように国の経済がいきづまり、社会主義で国を運営することをやめてしまいました。その結果、現在では、社会主義をかかげる国は、中国、ベトナム、キューバなど、ごく少数になっています。

● 「東西冷戦」時代の資本主義国陣営と社会主義国陣営（1955年当時）
💥は冷戦の影響による国際紛争をしめす。

資本主義国陣営：NATO（北大西洋条約機構）加盟国＝西側諸国
社会主義国陣営：WTO（ワルシャワ条約機構）加盟国＝東側諸国

ソ連（ソビエト社会主義共和国連邦）：1917年のロシア革命をきっかけにしてロシアを中心とする国ぐにが集まり、1922年につくられた。世界初の社会主義国となったが、経済状況の悪化もあって弱体化。1991年、ソ連にかわるCIS（独立国家共同体）ができて、ソ連は崩壊（解体）した。
東西冷戦：第二次世界大戦後から1989年にかけ、世界がアメリカ中心の資本主義国陣営とソ連中心の社会主義国陣営に分かれ、対立した国際情勢。

資本主義国・共産主義国

「資本主義」とは、生産手段（ものをつくる方法）をもっている資本家が、もたない多くの人たち（労働者）を賃金を支払ってつかって、利益を求める社会のことです。これは「社会にくらす人びとすべてで、財産を分けあう」社会主義とは、対立する考え方です。資本主義国が、社会主義国と対立する言葉としてつかわれているのは、このためです。

一方、社会主義とよく似た言葉として「共産主義」があります。「共産主義」は、「社会主義の理想のかたち」であるといわれています。社会主義では「人びとが働いて得た財産は国が一度あずかり、あらためて人びとに平等に配る」とされていますが、配られた財産をどう消費する（つかう）かは、個人にまかされています。これに対し、共産主義では、「利益を均等に配分するだけでなく、消費も人びとが平等にする」といいます。

たとえていえば、すべての人が、同じ家にすみ、同じようにくらすということ。そういう社会をめざそうという考えが「共産主義」です。しかし、そうした国がありえるかと問えば、だれもが、ありえないと思うはずです。実際に、現在世界じゅうさがしても、共産主義を実現している国はありません。

1911年、世界産業労働者組合がつくった「資本主義のピラミッド」のポスター。収入の低い労働者（一番下）が、資本家をやしなっているようすをしめす、資本主義を批判した内容。

 プラス1

マルクス主義

共産主義は、19世紀なかばに活動していたマルクスとエンゲルスの2人が共同でつくりあげたとされているが、とくにマルクスがとなえだしたことから、「マルクス主義」ということがある。なお、日本をはじめ、各国にある「共産党」は、マルクス主義・共産主義の実現を目標としている政党である。

カール・マルクス。

マルクス：カール・マルクス。1818〜1883年。ドイツの経済学者、哲学者。代表的な著書は『資本論』。社会主義思想を提唱し、のちにロシア革命や中国革命などの各国の革命運動や労働運動に大きな影響をあたえた。

エンゲルス：フリードリヒ・エンゲルス。1820〜1895年。ドイツの経済学者、哲学者。マルクスとともに社会主義をとなえ、共同で執筆活動をおこなった。

05 国民に支持されつづける専制政治

ヒマラヤ山脈の東の端にある仏教国ブータンは、面積が4万km²ほどの小さな国。
国民は、かねて「今のままのほうが幸せ」だとして、国王の専制体制の継続を望んでいるといわれています。

ブータンのまちかどにかざられた、第5代国王ジグミ・ケサル・ナムギャル・ワンチュク（左）と、2011年に結婚したジェツン・ペマ・ワンチュク王妃の写真。

独裁政治は民主的？

専制政治と独裁政治のちがいを考えるとき、独裁政治の場合、民主主義体制で生まれることがあり、また戦争や内乱で社会が混乱しているときに、国民が独裁者を求めるとかきました（→P8）。しかしたいていの独裁者は、結局、国民を苦しめることになっています。

ところが世界には、社会が混乱しているわけでもないのに、専制政治が続くことを民衆が歓迎する国があります。その典型がブータンです。第4代ブータン国王のジグミ・シンゲ・ワンチュクの専制政治下にあったブータン国民は、そのままのほうが幸せだとして、専制体制の継続を望んでいました。それに対し、国王のほうが「今の国王はよき君主だとしても、将来、悪い君主があらわれたらどうするのだ？」と、国王の定年や、ひ免（職をやめさせること）を憲法（→「プラス1」）にもりこんだといわれています。

＋プラス1 現在のブータンの政治

ブータンでは1990年代末、ジグミ・シンゲ・ワンチュク国王のもとで、国の体制を王制から立憲君主制へ移行する準備がはじまった。2008年3月、第5代国王のもとで初の総選挙がおこなわれ、5月、国会が召集。同年7月、2005年に草案が公表されていたブータン初の憲法が採択され、施行された。

ジグミ・シンゲ・ワンチュク：1955年生まれ。1972年に16歳で即位し、2006年に息子のジグミ・ケサル・ナムギャル・ワンチュクに王位をゆずった。
スハルト：1921〜2008年。インドネシア国内の経済成長を優先させる独裁的な政治をおこなった。任期後、汚職などの法的責任を追及された。
マルコス：フェルディナンド・マルコス。1917〜1989年。1966年のフィリピン大統領就任当初は経済発展が進んだが、1970年代になると政治腐敗がはげしくなり、全国で反政府デモがくりひろげられるようになった。さらなる独裁をしいたが、1986年に軍部や市民を中心とする革命が起こり、亡命。

開発独裁とは

1970年代から、ラテンアメリカやアジアなどの発展途上国などでは、新しいかたちの独裁政治が見られるようになりました。「開発独裁」とよばれる政治体制で、経済発展のためには、独裁政治が必要であるという考え方によるものです。

インドネシアのスハルト体制や、フィリピンのマルコス体制などが、開発独裁政治の典型といわれています。

たいていの開発独裁は、当初は国民の支持が得られていましたが、1980年代なかばごろから反対運動が活発になり、結局は、みな打倒されてしまいました。

スハルト大統領：
インドネシア第2代大統領
（1968～1998年）。

写真：Bluemask

マルコス大統領：
フィリピン第10代大統領
（1966～1986年）。

開発独裁が失敗する理由

近年の開発独裁も、古いかたちの独裁政治と同じで、民衆（国民）は政治の中心にはいられません。それでも開発独裁では、経済が発展することで国民に恩恵もあることから、しばらく国民はその独裁者を支持しました。

ところが、経済発展は国民全体をゆたかにするのではなく、一部の人たちだけに利益をもたらすもの。また、開発独裁の下、支配する側が人びとをきびしく管理して働かせたり、言論・出版・集会の自由をうばったりするなどしたため、しだいに社会不安が拡大していきます。すると、そうした腐敗政権をたおそうとする民主化運動（→P20）が起こり、どんどん拡大していきます。

たいていの独裁者は、そうした運動をきびしく弾圧しますが、かえって民主化運動がもりあがることもありました。

1993年の韓国における金泳三政権の誕生や、1998年インドネシアでのスハルト失脚などは、その例です。ただし、1979年のイラン革命（→「プラス1」）は、それまでの政府を打倒する運動ではありましたが、結果、まったくちがう方向に向かうこととなりました。

イラン革命

1979年、イランでは、国王がおしすすめる欧米風の近代化政策に反対し、イスラムの教えにしたがった生活にもどろうという運動が起きた。この運動の目的は、国王とその一族だけがゆたかになるような国のあり方をかえ、イスラム教をすべての基本にすることだった。政府のきびしい弾圧にもかかわらず、運動はイラン全体に広がり、政権をたもてなくなった国王は国外に脱出。その後、宗教指導者ホメイニ師の指導のもとで、イスラム原理主義の国家がつくられた。

金泳三：1927～2015年。韓国の政治家。野党議員として長いあいだ朴正煕政権、全斗煥政権と対立したが、1993年に第14代大統領に就任し、32年ぶりに軍人出身ではない大統領が誕生した。

ホメイニ：1902～1989年。イランの宗教指導者。イラン革命を指導し、国王を国外に追放。1989年に亡くなるまでイランの最高指導者。

イスラム原理主義：聖典コーランやイスラム法の本来の定めにしたがった国家や社会の実現をめざす考え方。イスラム復興運動などともよばれる。

もっとくわしく！
世界の独裁者②

12～13ページに続いて、世界の独裁者について見てみましょう。ここでは、比較的最近の例を見ます（カッコ内は生没年）。

李承晩
（1875～1965年）

アメリカでの学生生活を経て、1948年、韓国の建国とともに初代大統領に就任しました。しかし、共産主義をきびしく取りしまったことから、不満をもつ国民がしだいにふえていきました。このままでは自分が大統領に再選できないと考えた李承晩は、大統領の選出方法を、国会議員による間接選挙から国民による直接選挙に変更する憲法改正を、反対派を弾圧するなどして強硬に実現させました。さらに、二期までとなっていた大統領の任期を三期に変更する憲法改正も、不正な手段で議員を集めて強行しました。

そうして三選したあとも、李は、共産主義の取りしまりや反対勢力に対する弾圧を強化しました。

こうした独裁的な政治の進め方に民衆の反発は高まり、1960年3月、四選を決めた選挙のあと、学生が中心になって起こした4.19革命によってとうとう辞任に追いこまれて失脚。ハワイに亡命しました。

サダム・フセイン
（1937～2006年）

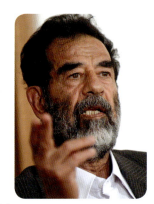

1979年にイラク大統領に就任したフセインは、アラブの国ぐに（→P23）の統一を主張する政党の幹部でした。就任後、1980年に隣国のイランに対して全面攻撃をしかけ、イラン・イラク戦争を引きおこしました（1988年に停戦）。この間、イラク国内では国民の不満が増大。これに対し、フセインは反対勢力をきびしく取りしまり、独裁体制をかためていきます。さらに1990年には、国民の不満を解消しようと隣国クウェートに侵攻しましたが、多国籍軍の空爆を受けて撤退を余儀なくされました。

それでもなお自らの政権を守ろうと、政府の重要な役職を親族や自分に近い人物でかためるなどして、独裁体制を強化。反対勢力をよりはげしく弾圧しました。フセインによる独裁は、2003年、大量破壊兵器の所有をめぐり、アメリカ・イギリスによる空爆を受けて政権が崩壊するまで続きました。フセインはアメリカ軍によってとらえられ、イラク高等法廷でおこなわれた裁判で2006年に死刑判決を受け、処刑されました。

イラン・イラク戦争：1980～1988年。1979年にイランで起こった革命後の混乱に乗じて、フセイン政権下のイラクが領土獲得をねらってイランに侵攻したことがはじまり。当初はアメリカなどの支援を受けたイラクが優勢と見られていたが戦闘は長びき、1988年、国連の調停により停戦した。

多国籍軍：複数の国の軍隊からなる。おもに、国連の安全保障理事会の決議などにもとづき、組織される。

ムアンマル・カダフィ
（1942～2011年）

　もともと軍人だったリビアのカダフィは、1969年にクーデターで政権を奪取後、政府や議会を廃止し、実質的な最高指導者として独裁体制をしきました。リビアは、1992年から国連の経済制裁を受けましたが、2003年以降は核開発計画を放棄するなど、国際社会と協調する路線へと転換します。原油の輸出による収入を得て、経済は急成長をとげました。医療や教育は無料で、税金もほとんどないなど、国民生活はゆたかになりましたが、一方で、憲法も政治的自由もない長期的な独裁政権に対し、国民の不満は高まっていたといわれています。

　2011年、「アラブの春（→P22）」の影響で反政府デモが起きると、カダフィは軍隊で弾圧しようとします。しかし、政府や軍隊の一部までもが反政府派の支持にまわったことから、内戦状態となりました。国民を攻撃するリビア政府に対し、国連の制裁決議が採択され、NATO軍が空爆。政権は崩壊し、カダフィも反体制派によって殺害されました。

イディ・アミン
（1925～2003年）

Archives New Zealand

　アミンはウガンダの軍人で、ボクシングで東アフリカのヘビー級チャンピオンになったこともある経歴のもち主です。1971年にクーデターで権力をにぎり、第3代大統領に就任しました。議会を停止するなどして独裁体制をしき、反対勢力を徹底して弾圧し、自国民を30～40万人虐殺したといわれています。また1972年には、約8万人のインド系のアジア人を排斥する政策を打ちだし、国際社会での孤立を深めて経済の停滞をまねきました。1978年、隣国のタンザニアに侵攻しましたが、これに失敗。1979年には反体制派の攻撃を受けて失脚し、サウジアラビアに亡命しました。

ロバート・ムガベ
（1924年～）

写真：Kremlin.ru

　ムガベは、かつてジンバブエがイギリスの植民地だった時代に、独立運動を主導し、投獄されながらも英雄的存在となった人物です。1980年に独立を達成すると首相に就任し、その後は新国家の大統領として発展を主導。教育や医療に資金をあてて国民生活の向上につとめ、「ジンバブエの奇跡」とよばれる繁栄を実現しました。一方で、反対勢力に対する弾圧を容赦なくおこない、1980年代には数千～2万人もの野党支持者を大虐殺したとされています。また、近年は経済政策に失敗し、国民の不満がつのっていました。そうしたなかで、2017年、ムガベは突然に副大統領を解任し、自身の妻を後継者にすると表明。これに副大統領派の国軍が猛反発。退陣を求める国民のデモも発生したことから、ムガベは退陣を表明し、37年にわたる長期的な独裁政権は終わりをつげました。

大量破壊兵器：核兵器や化学兵器、生物兵器など。また、それらを生産する手段や長距離の射程をもつミサイルもふくまれることがある。
NATO（北大西洋条約機構）：ヨーロッパやアメリカ、イギリスなど西欧諸国による軍事機構。
植民地：ある国から人が移住し、占領して得た、本国以外の領土。15世紀以降、スペイン、ポルトガルをはじめとするヨーロッパの国ぐにがアメリカ、アジアなどに進出し、先住民を征服して自国の植民地とした。16世紀からはオランダ、フランス、イギリスが植民地争奪戦をおこなった。

06 「民主化」ってどういうこと？

「民主」とは「民が主である」の意味で、「民主化」は主権を国民がもつようにすること。具体的には、制度や考え方を民主主義にしたがったものにすることをいいます。

言葉の意味は？

「民主」という言葉は、もともと「民の主」という意味でしたが、近代では「民が主」という意味としてつかわれています。また、この言葉は、英語の principle（プリンシプル）の翻訳語としてつくられたといわれています。

principle は、「原理」「原則」という意味のほか、「行動基準」という意味もあり、この意味でも「民主化」は、上に記したとおり「制度や考え方を民主主義にしたがったものにする」ということになります。

また、民主主義をあらわす英語は、democracy（デモクラシー）です（→P7）。

民主化運動のはじまり

世界の民主化運動（→右ページ）は、1970年代前半の南ヨーロッパにはじまり、その後、世界的な民主化の連鎖反応が起こりました。

発端となったのは、1974年にポルトガルの首都リスボンで起きたクーデターでした（カーネーション革命）。1974年から1990年代にもおよぶ民主化の波が、ポルトガルから、ギリシャ、スペインなどの南ヨーロッパに広がりました。さらに、ペルー、アルゼンチン、ブラジルなどの南アメリカの国で、独裁政権や軍事政権が崩壊。さらにインド、フィリピン、パキスタンなどのアジアの国ぐに、トルコ、そしてハンガリー、東ドイツなどの東ヨーロッパの社会主義国（→P14）にまで波及し、民主化の波が世界じゅうに広がりました。こうして民主化運動が、各国の旧体制をこわしていったのです。しかし、1989年に起きた中国の民主化への動きは、政府の弾圧を受けたこと（天安門事件→P26）で、止まりました。

1974年、負傷者をほとんど出さない無血クーデターが成功したことを歓迎するポルトガル・リスボンの人びと。カーネーションの花が革命の象徴とされたことから、カーネーション革命とよばれた。
©ユニフォトプレス

カーネーション革命：ポルトガルでは30年にわたり独裁政治をおこなっていたサラザールが1968年に病気のため引退。しかし後継者のカエターノが引きつづき独裁をおこなった。1974年、植民地戦争に反対する軍部がクーデターを起こし、政権崩壊。

東ドイツ：第二次世界大戦後の1949年、ドイツのソ連占領地域につくられたドイツ民主共和国のこと。社会主義体制をとった。1990年に西ドイツと統一された。

NGO：国際協力にたずさわる非政府組織。民間人や民間団体がつくる組織で、開発や経済、人権、環境などの問題に取りくむ。

民主化運動の２つの流れ

「民主化運動」は、「民主化をめざす民衆の運動が世界各地で活性化してきたこと」をさしますが、そのようすは、大きく２つの流れに分かれます。１つは、各国の政治や経済を支える人たちが起こした「上からの民主化」で、もう１つが「労働者など体制に反対する人たちによる「下からの民主化」です。

下からの民主化をおこなう側には、女性や少数民族など社会的に少数派とされて、弱い立場の人びとが多くふくまれています。さらに「上からの民主化」と「下からの民主化」が複雑にからみあいながら、支配者側に反対するという民主化運動も多く見られました。

共通の特徴

このように、民主化の目標や運動のようすはさまざまですが、共通の特徴としては、次のようなことがあげられています。

- 集会やデモなどにより、暴力をつかわずに、法律でゆるされる範囲で、その勢力を拡大していく。
- 政治に対する失望やあきらめの気持ちをもつ人びとに、政府に反対する気持ちを起こさせる。
- 環境や人権など、現在の国際社会がかかえているさまざまな問題に取りくむようにうながす。国際NGOなどを通じて、国境をこえて連帯していく。

07 「アラブの春」とは？

2010年末、北アフリカのチュニジアで、のちに「ジャスミン革命」とよばれる民主化運動が発生。その影響で、北アフリカや中東の国ぐにでも、民主化運動が次つぎと起こりました。こうした動きが、「アラブの春」とよばれるものです。

きっかけは焼身自殺

2010年12月、チュニジアの地方都市で、1人の若い男性が焼身自殺（→「プラス1」）しました。彼に同情した同じような境遇の人たちが、彼を苦しめた原因は政府にあるとして、反政府運動を開始。それが次第に大規模な民主化運動へと発展しました。

結果、追いつめられた当時のベン・アリ大統領は翌年1月にサウジアラビアへ逃げだし、23年間続いた独裁政権は終わりをつげました。これが、チュニジアを代表する花の名から「ジャスミン革命」と名づけられました。

プラス1 「ジャスミン革命」の概要

焼身自殺をした男性は大学を卒業しても職がなかったため、市場で野菜を売りはじめたが、許可がないという理由で警察官に暴行を受け、商品や商売道具を没収された上、わいろを要求された。結局、男性は焼身自殺をし、そのようすがインターネットの動画サイトに流されたことから、国民が注目。折しも、ベン・アリ政権の腐敗ぶりがインターネット上に公開され、政府に対する国民の怒りが高まっていた。こうして1人の男性の焼身自殺が、大規模な民主化運動へと展開した。これは、21ページで見た「下からの民主化」で、社会で弱い立場にある人びとが起こした民主化運動だった。

ベン・アリ：1936年～。1987年にチュニジアの大統領に就任し、独裁体制をしいた。政権崩壊後はサウジアラビアへ亡命。チュニジア国内では本人不在のまま裁判がおこなわれ、終身刑判決が出た。

各国へ波及した民主化運動

チュニジアのジャスミン革命は、ほかのアラブ諸国（→「プラス1」）の民主化運動に大きく影響をあたえました。しかも、インターネットによって、広がるスピードが非常に速かったといわれています。

2010年12月にアルジェリア、2011年1月にはイエメンやヨルダン、エジプト、2月に入るとリビアやモロッコ、バーレーン、オマーンでデモが本格化し、その後、クウェート、サウジアラビアやシリアなどにも影響がおよびました。エジプトでは約30年間続いたムバラク大統領の独裁体制が崩壊。リビアでも、約40年間続いたカダフィ政権（→P19）、イエメンでは、30年以上続いていたサーレハ政権がたおれました。こうした一連の民主化運動は「アラブの春」とよばれるようになりました。

ベン・アリ大統領の写真に火をつけ、退陣を求めるチュニジアの民衆（2010年12月）。

写真：Abaca/アフロ

「アラブの春」の特徴

「アラブの春」は、ほかの民主化運動とくらべて、組織されていないという特徴が指摘されています。民主化運動を主導する中心人物もいないため、政府側は、監視や弾圧ができず、早期の政権崩壊にいたったといいます。

そうした動きの背景には、インターネットがありました。インターネットには国境がないといわれているとおり、一国内の情報はまわりの国ぐにへかんたんに伝わっていきました。不特定多数の人たちがインターネット上で情報を交換しあい、民主化運動に集結していったのです。さらに、「アラブの春」の舞台となったアラブ諸国では、アラビア語が共通でつかわれているため、言葉の壁がなかったことも大きく影響していました。

プラス1　アラブ諸国とアラブ連盟

「アラブ諸国」「アラブの国ぐに」という場合、アラブ連盟の加盟国をさすことが多い。アラブ連盟には、アラビア語を話すアラブ人が中心となり、イスラム教を国教とする国がおもに加盟。中東やアフリカ北部の国ぐにが多い。

● 「アラブの春」で民主化運動が起きたおもな国ぐに（オレンジ色）

ムバラク：ムハンマド・ホスニー・ムバラク。1928年～。1981年にエジプトでサダト大統領が暗殺されたあと第4代大統領に就任し、およそ30年にわたり独裁的な政治を続けた。2011年、アラブの春の影響で失脚。

サーレハ：アリ・アブドラ・サーレハ。1942～2017年。1978年に旧北イエメンの大統領に就任。1990年に南北イエメンの統一により初代大統領に就任し、独裁的な政治をおこなった。

08 世界の長期政権

一度権力の座についた人は、より長く独裁者として居すわりつづけたいと願うことから、それをはばむ憲法を改正しようとすることがあります。権力者こそ、憲法を守らなければならない（→2巻P9）にもかかわらずです。

20年以上の長期政権

人は、一度権力を手にしたら、その立場に長くついていたくなるものだといいます。現在でも、世界には、同じ人が何十年もリーダーとして君臨している国がたくさんあります。そのうち、20年以上が10人（2017年に3か国・3人が退陣）もいます。

下の地図は、2018年1月現在の世界の長期政権のようすです。もっとも長いのは、ブルネイのボルキア政権で、50年です。

大統領の任期

同じ人があまり長く国のリーダーをやっているのはよくないと考えられていることから、多くの国では、憲法で大統領や首相の任期に制限をかけています。

アメリカでは憲法で、1人の大統領がつとめられるのは1期4年、連続2期8年までと定めています（2期をこえてつとめた大統領は、大統領の任期が定められる前の1933年から1945年、つまり4期のとちゅうまでつとめたフランクリン・ルーズベルトのみ）。

ロシアの場合、大統領の任期はかつては1期4年でしたが、2008年の憲法改正により6年に延長されました。ただし、現在は3選禁止のため、連続で就任できる上限は2期12年です。

また、韓国の場合、大統領の任期は5年で、再選はできないと決められています。

このように多くの国で、国のリーダーの再選を禁止する憲法がつくられています。

●世界の長期政権トップ10（2018年1月時点）

※ 北中南米、オセアニアの国は非表示。
※ ブルネイはイギリスからの独立以後から数えると在任34年。

出典／GLOBAL NEWS VIEW 2018年2月15日
（人名表記は外務省ホームページにそろえた）

ボルキア：ハサナル・ボルキア。1946年生まれ。1967年にブルネイ王国の第29代スルタンに就任した。首相・国防相・財務相、外務貿易相など、全権限を掌握しているだけでなく、同国における宗教上の最高権力ももつ。

フランクリン・ルーズベルト：1882〜1945年。アメリカの政治家、第32代大統領。世界恐慌に対しニューディール政策を実施。ファシズムに対抗し、第二次世界大戦中は連合国を率いた。

2011年、ロシアの与党「統一ロシア」の党大会で、大統領選挙にふたたび立候補することを宣言するプーチン（左）と、任期を終えた元大統領メドベージェフ（右）。
写真：AP/アフロ

憲法改正により任期を延長

ロシアでは、プーチン（→P29）が2000年に47歳で大統領に就任し、連続2期、2008年までつとめました。その後、ロシアの憲法では3期連続して大統領になることをみとめていないので、メドベージェフに大統領の座をゆずり、自身は首相となりました。ところが、国の運営の主導権は、実質的にはプーチンがにぎっていたといわれています。2008年にメドベージェフ大統領のもとで議会が憲法を改正し、大統領任期を1期4年から6年に延長したのも（2012年実施）、長期政権をねらうプーチンの指示といわれています。

プーチンは2012年3月、大統領選挙にふたたび出馬して当選。しかし、選挙の際には、不正疑惑がもちあがりました。

また、韓国の朴槿恵大統領は2016年に「1回の任期で政策の継続性を維持して成果を出し、一体化した外交政策に取りくむのは困難である」と演説。この演説に対し、韓国の内外から、朴大統領のねらいは、大統領の再選を禁止する憲法の規定を変更しようとするものだと指摘されました。朴大統領はその後、この本の「はじめに」で記したとおり、汚職で有罪判決を受けています。この2つは、一度政権をとった人は、より長くその地位につこうとするいい例であるといえます。

プラス1　ロシアとプーチン大統領の今後

プーチンは、ロシア連邦からの独立をめざすチェチェン共和国の蜂起を武力でおさえこみ（第2次チェチェン紛争）、2014年には、当時ウクライナ領だったクリミア半島に侵攻し、強引に併合した。こうしたプーチンの一連の強硬政策は、ロシア国内で高く評価されたというが、ヨーロッパやアメリカなどの国ぐにからは強く批判されてきた。今後、長期政権を維持するなかでなんらかの問題が発覚して、世界の民主化運動（→P20）のようなことが起こらないともいえない。

メドベージェフ：ドミトリー・メドベージェフ。1965年、ソ連生まれ。プーチンの側近。2008～2012年まで大統領をつとめた。
朴槿恵：1952年、韓国生まれ。2013年、韓国初の女性大統領に就任。任期中に職権乱用を追及され、2017年3月に罷免された。
チェチェン共和国：1991年設立。ロシア連邦北カフカス地方にある共和国。住民の多数をしめるチェチェン人によって、ロシアからの独立をめざした運動が続いている。

天安門事件の際、北京の天安門広場で民主化を求めてデモをおこなう学生ら。中国人民解放軍は武力でこれを鎮圧し、多数の死者が出た。

09 中国の民主化とその弾圧

中国の民主化運動は、中国共産党の一党独裁に対抗するもの。1978年に起きた「北京の春」にはじまり、1989年に最高潮に達しましたが、中国政府が武力によりおさえこんだことから（天安門事件）、1990年代になると急速に衰退しました。

天安門事件の背景と結末

中国では、鄧小平の指導体制下、1978年12月に開催された中国共産党第十一期中央委員会で決まった「改革開放路線」によって、経済の自由化が急速に進みました。それまでは自分が住んでいるところからはなれることが禁じられていましたが、移動もできるようになり、経済活動が活発になりました。

一方、公有財産の処分や経済活動をめぐって、官僚の腐敗がはげしくなっていました。

こうしたなかで、1988年から1989年にかけて経済が過熱し、はげしいインフレが起こり、人びとの生活はどんどんきびしくなっていきます。人びとは、その原因が役人にあるとし、腐敗役人の追放とともに、民主主義の強化を求めるようになりました。それは、共産党一党支配に反対し、議会制民主主義と三権分立（→2巻P12）を要求する運動に発展。これは、人びとの経済への不満が政治問題になったことを意味しました。

1989年、民主化を求める学生など多くの人びとが、北京の天安門を占拠しました。すると共産党は6月4日、軍隊を出動して広場を奪回。多数の死傷者が出ました。この事件が「天安門事件」です。まもなく政府は、この事件を政府の転覆をねらった動乱であるとして、関係者を処罰しました。

鄧小平：1904年、四川省生まれ。1997年死去。毛沢東の死後、中国の事実上の最高指導者となる。「改革開放」という経済政策をおこなった。
改革開放路線：市場経済への移行を目的に、1978年にはじまった経済政策。社会に大きな矛盾を生じさせることとなった。経済特区の設置、海外資本の積極的な導入などがおこなわれた。
インフレ：インフレーションの略。好景気で商品やサービスの値段（物価）が上がること。

第19回中国共産党大会

中国で2017年10月、「中国共産党全国代表大会」が開かれました。この中国共産党大会は、1921年にはじまり、当初は毎年おこなわれていましたが、日中戦争などで中断。戦後、復活し、1977年からは5年に一度開催され、2017年で19回となりました。

同大会では、2012年から総書記をつとめる習近平が、経済や外交での成果や、政治家の汚職摘発の実績などを報告し、次の5年間の方針の発表とともに、自身が新しい時代の指導者であることを宣言しました。

党規約に自らの名前を

習近平は、第19回党大会で党規約のなかに自らが2013年にかかげた「一帯一路」を明記しました。また、「習近平新時代中国特色社会主義思想」という、自身の名前をつけた言葉ももりこみました（→P28）。

党規約のなかにもりこまれた思想は、これまでの毛沢東（毛沢東思想）と鄧小平（鄧小平理論）につぐもの。自らの立場を毛・鄧にならぶものに位置づけ、今後の権力の集中をいっそう強化したものとなりました。13ページに記したとおり、中国の毛沢東は、世界的に見てもナチス・ドイツのヒトラーやソ連のスターリンとならぶ独裁者だといえます。今回の党大会が大きな混乱なく終わったことは、じつは、国民が、習近平の独裁体制をみとめたことになるのです。

写真：AP/アフロ

劉暁波がノーベル平和賞

劉暁波は中国・吉林省長春生まれの作家であり、人権活動家です。天安門事件が起こったときはコロンビア大学の客員研究員としてアメリカ滞在中でしたが、帰国して中国の民主化運動に参加します。ところが中国政府により、反革命罪で投獄されてしまい、その後も投獄と釈放をくりかえしてきました。

2008年には中国共産党による独裁を批判し、三権分立を求める「08憲章」を起草。すると、国家政権転覆扇動罪で4度目の投獄となりました。

服役中の2010年にはノーベル平和賞を受賞し、世界じゅうから彼の釈放が求められました。しかし獄中で発病し、2017年6月に仮出獄となったものの、翌月死去しました。

三権分立：国の権力を、立法・行政・司法のそれぞれ独立した機関に分けて担当させるしくみのこと。
天安門：中国の北京市にある城門。1949年には毛沢東が壇上に立ち、中華人民共和国の建国を宣言し、数かずの政治的なできごとの舞台となってきた。
日中戦争：1937年7月の盧溝橋事件（日本軍と中国軍との衝突）をきっかけにはじまった戦争。のちに太平洋戦争へと発展した。

2017年10月、中国共産党大会出席者に手をふる習近平。

写真：新華社／アフロ

独裁者毛沢東の再来か？

　27ページに紹介した「習近平新時代中国特色社会主義思想」は、日本語にすると「習近平新時代の中国の特色ある社会主義思想」となります。

　これまでも習近平は、中国共産党総書記、国家主席、中央軍事委員会主席をつとめてきたほか、経済や金融、サイバーセキュリティーなどを担当する組織のトップも兼任し、自身に権力を集中させてきました。

　こうした経歴から見て、習近平が今後さらに自らの権力を強化するのはまちがいないと見られています。

　習近平に対する評価は、汚職摘発などでは大きな実績があったといいます。しかしそのかげで、ライバルとされる政治家を逮捕するなど、反対する人たちをどんどん切りすて、一方、自分に近い立場の人を高い地位につかせるなどの独裁をおこなってきたといわれています。中国のなかでも、習近平のやり方と、かつて毛沢東がしいた独裁体制とを同じだと見る人が多くいます。

　国際社会からは、今後中国の民主化はさらにおくれると心配されています。

国家主席の任期制限を撤廃

　2018年3月、「国家主席は連続2期をこえて継続することはできない」と明記されている中国の憲法の箇所が削除されることになりました。実際にこの条文が取りのぞかれ、習近平は無期限で政権の座につくことが可能となりました。2017年10月、習近平が共産党大会で党の総書記に再任されていることからも、習近平が独裁者とよばれる可能性はいっそう高まってきました。

　中国共産党の資本主義についての著書で知られるフレーザー・ハウイーは、「習氏は自身をロシアのプーチン大統領と比べているだけでなく、プーチン氏を模範としている。ロシアがどのように発展しているのかを考察している」といっています。

サイバーセキュリティー：コンピューターネットワーク上で情報をぬすんだり破壊したりしようとする攻撃から、情報を守る安全管理体制や技術のこと。
中国共産党の資本主義についての著書：『RED CAPITALISM : The Fragile Financial Foundation of China's Extraordinary Rise（赤い資本主義：中国の目覚ましい台頭を支える脆弱な金融基盤）』John Wiley & Sons(Asia) Pte. Ltd.

最近のニュースに出てきた独裁者

●レジェップ・タイイップ・エルドアン（1954年～）

写真：Kremlin.ru

議院内閣制をとっていたトルコで、エルドアンは2003年から首相をつとめ、2014年にはトルコ初の直接選挙で大統領に当選した。トルコはもともと政教分離政策をとっていたが、エルドアンはイスラム教寄りの政策をおこなったことから、彼の政策に反発する人も多くいた。2016年にクーデター未遂事件が起きたが、エルドアンは逆にこれを利用して、反体制派勢力だとして約5万人を拘束し、公務員や軍関係者約10万人を解雇や停職処分とした。2017年には、首相職の廃止、大統領権限の大幅な強化、大統領の三選を可能とする憲法改正をおこなった（2018年の大統領選挙後から導入）。

●ハーフィズ・アル・アサド（1930～2000年）
●バッシャール・アル・アサド（1965年～）

写真：Fabio Rodrigues Pozzebom / ABr

ハーフィズ・アル・アサド。　バッシャール・アル・アサド。

シリアではハーフィズが1970年代に独裁体制をしき、2000年に息子バッシャールがあとをついだ。アサド親子らは、自身が信仰するイスラム教アラウィ派を優遇する政策をとっていたが、人口の約1割しかいない少数派であるため、国内では反発する人も多かった。2010年末からの「アラブの春（→P22）」の影響を受け、シリアで抑圧されてきた多数派の人びと（イスラム教スンニ派）が、2011年3月ごろから反政府運動を本格的に開始。アサド大統領はこれをきびしく弾圧した。混乱に乗じたIS（イスラム過激派組織のひとつ）の襲撃もあって、はげしい内戦におちいった。

●ウラジーミル・プーチン（1952年～）

写真：AP／アフロ

ソ連時代、国家保安委員会（KGB）にスパイとして勤務していた経験をもつ。1990年から政治活動にかかわるようになった。1999年にエリツィン大統領（当時）から代行の指名を受け、2000年の選挙で正式にロシア大統領に選出された。2000～2008年は大統領を、2008～2012年は首相をつとめ、2012年からはふたたび大統領にかえりざいた。ソ連崩壊後のロシアを強力な指導力で立てなおしたことで国民の支持を得た。一方で、プーチン政権がかかわったとされる犯罪行為や汚職を追及しようとしたジャーナリストや弁護士、野党支持者が暗殺されるなど、敵対関係にある人物は容赦なく弾圧するといわれ、おそれられている。

●フィデル・カストロ（1926～2016年）

第二次世界大戦後のキューバでは、1952年にクーデターによって政権をうばったフルヘンシオ・バチスタが、憲法を停止した上で独裁政治をはじめた。バチスタ政権はアメリカの企業やマフィアと癒着し、腐敗した政治をおこなった。キューバ革命によりこれを打倒したのが、フィデル・カストロらだった。カストロは新政権を樹立して国家元首の座につき、キューバ共産党による一党独裁体制のもと、社会主義の国づくりを進めた。2008年に引退するまで国家元首でありつづけ、体制を批判する者を弾圧したカストロについて、「独裁者」とよぶ声もあった。

全巻さくいん

あ行

- アウン・サン……❷21
- アウン・サン・スー・チー（スー・チー）…❷21, ❸13
- 明仁天皇……❷9, 15
- アサド（ハーフィズ・アル・アサド）…❶29
- アサド（バッシャール・アル・アサド）…❶29
- アジア的専制……❶9
- 雨傘革命……❸29
- アミン（イディ・アミン）……❶19
- アメリカ合衆国憲法……❷8, 12
- アラブ諸国……❶23, ❸14
- アラブの春……❶19, 22, 23, 29
- イギリス革命……❶6, 7
- イスラム原理主義……❶17
- 李承晩……❶18
- 一院制……❷24
- 一党独裁……❶10, 11, 26, 29, ❷13
- イラン・イラク戦争……❶18
- イラン革命……❶17
- インラック・シナワット……❸29
- ウィリアム3世……❷7
- エルドアン（レジェップ・タイイップ・エルドアン）…❶29
- エンゲルス（フリードリヒ・エンゲルス）…❶15
- 欧州連合（EU）……❸25
- オブラドール（アンドレス・マヌエル・ロペス・オブラドール）
  ……❸12, 13

か行

- カーネーション革命……❶20
- 改憲派……❸23
- 解散……❷25
- 開発独裁……❶17
- カエサル（ガイウス・ユリウス・カエサル）…❶10
- カストロ（フィデル・カストロ）……❶29
- カダフィ（ムアンマル・カダフィ）…❶19, 23
- 間接選挙……❷18
- 間接民主制……❷18
- 完全普通選挙……❷19
- 基本的人権……❶7, ❷14, 15, 26, 27, ❸24
- 金日成……❶13
- 義務教育……❷29, ❸24, 25
- 金正日……❶13
- 金泳三……❶17
- キューバ革命……❶29
- 共産主義……❶13, 15, 18
- 行政……❶27, ❷12, 13, 23
- 緊急事態条項……❸22
- クーデター……❶10, 19, 20, 29, ❸29
- 軍事政権……❶20, ❷21, ❸13, 29
- 君主……❶6, 9, 16, ❷6, 7
- 君主主権……❶7, ❷7
- 経済格差……❸14, 17, 20
- 経済協力開発機構（OECD）……❸16, 19
- 経済民主主義指数……❸16

さ行

- 憲法……❶11, 13, 16, 24, 25, ❷7, 8, 9, 10, 11, 12, 13, 14, 21, 27, ❸23, 24, 25
- 憲法改正……❶18, 24, 25, ❷18, ❸13, 23
- 権利の章典……❷6, 7, 8, 12
- 権利の請願……❷6
- 権利の宣言……❷7
- 言論の自由……❶17, ❷11, 27, ❸24
- 公明選挙運動……❷23
- 国際選挙監視団……❸13
- 国際労働機関（ILO）……❷29
- 国事行為……❷15
- 国政選挙……❷19, 22
- 国内総生産（GDP）……❸18
- 国民主権……❶6, 7, ❷13, 14, 15, 20, ❸24
- 国民審査……❷18
- 国民投票……❷18, ❸13, 23, 25
- 国民民主連盟（NLD）……❷21, ❸13
- 国連……❶18, 19, ❷28, 29, ❸19
- 国連平和維持活動（PKO）……❸26
- 護憲派……❸23
- 子どもの権利条約……❷28

さ行

- サーレハ（アリ・アブドラ・サーレハ）
  ……❶23, ❸29
- 最高裁判所……❷13, 18
- サダト（ムハンマド・アンワル・サダト）
  ……❶23, ❷20, ❸29
- 参議院……❷14, 17, 19, 22, 24, 25, ❸11, 23, 25
- 三権分立……❶6, 26, 27, ❷8, 11, 12, 13, ❸22
- 参政権……❶6, ❷26
- ジェームズ2世……❷7
- ジグミ・ケサル・ナムギャル・ワンチュク…❶16
- ジグミ・シンゲ・ワンチュク……❶16
- 児童虐待……❷29
- 児童虐待防止法……❷29
- 児童労働……❷29
- ジニ（コッラド・ジニ）……❸18, 19
- ジニ係数……❸19
- 司法……❶27, ❷12, 13
- 資本主義……❶13, 14, 15, 28
- 資本主義国陣営……❶14, ❸14
- 市民革命……❶6, 7, 8, 9
- 社会権……❷26
- 社会主義……❶6, 12, 13, 14, 15, 20, 28, 29
- 社会主義国陣営……❶14, ❸14
- 社会福祉……❷20, ❸14, 15
- ジャスミン革命……❶22, 23, ❸29
- 集会の自由……❶17, ❷27
- 衆議院……❷13, 18, 19, 22, 24, 25, ❸9, 23, 25, 27, 28
- 習近平……❶27, 28

た行

- 自由権……❷26
- 自由選挙……❷18
- 18歳選挙権……❷22, ❸11
- 主権……❶7, ❷18, 24
- 出版の自由……❶17, ❷27
- 少年法……❷22
- 消費税……❸15
- ジョージ・ワシントン……❷8
- 植民地……❶19, 20
- 臣民の三大義務……❷11
- スターリン（ヨシフ・スターリン）…❶12, 13, 27
- ストライキ……❷26, 27
- スハルト……❶16, 17
- 生活保護……❸18, 19
- 生活保護制度……❸18
- 正規雇用……❸20
- 制限選挙……❷19
- 政治体制……❷11, ❸24
- 政党……❶10, 11, 12, 15, 18, ❷17, 19, 21, 24, ❸8, 9, 11, 13
- 政党政治……❷21, ❸11
- 絶対王政……❶9
- 絶対的貧困率……❸17
- 世論調査……❸25
- 選挙権……❷10, 16, 19, 22, ❸8, 9, 11, 28
- 専制君主……❶9
- 専制政治……❶8, 9, 16, ❷6, 7
- 専制体制……❶16
- 相対的貧困率……❸17, 18, 19

た行

- 第9条……❷15, ❸23
- 大日本帝国憲法……❷10, 11, 14
- タクシン（タクシン・シナワット）…❸29
- 多国籍軍……❶18
- 男女雇用機会均等法……❸21
- 治安維持法……❷11
- チェチェン共和国……❶25
- チャールズ1世……❷6, 7
- 中東和平交渉……❸14, 15
- 長期政権……❶24, 25
- 直接選挙……❶18, 29, ❷18
- 直接民主制……❷18
- ツーリズム……❶9
- 天安門事件……❶20, 26, 27
- 天皇……❶9, ❷9, 10, 11, 14, 15, 27, 28, ❸23
- 東西冷戦……❶14, ❸14, 15
- 鄧小平……❶26, 27
- 投票率……❸8, 11, 14, 25, 28
- 独裁者
  ……❶10, 11, 12, 13, 16, 17, 18, 24, 27, 28, 29
- 独裁政治……❶8, 10, 11, 16, 17, 20, 29, ❷13, 20, ❸8, 29
- 独裁体制……❶11, 18, 19, 22, 23, 27, 28, 29

30

な行

- ナジブ・ラザク ········· ❸29
- ナチス・ドイツ／ナチス ··· ❶10, 11, 12, 27
- ナポレオン（ナポレオン・ボナパルト）
  ················· ❶8, 10, 11
- 二院制 ·················· ❷24
- 日本国憲法 ❷9, 13, 14, 15, 16, 18, 27, 28, ❸8, 22, 23, 24, 25
- 人間開発指数（HDI） ········· ❸19
- 年金選挙 ················ ❷17
- 能力主義 ················ ❸20
- ノーベル（アルフレッド・ベルンハルド・ノーベル）
  ····················· ❸7
- ノーベル賞 ··············· ❸7
- ノーベル平和賞 ❶27, ❷21, ❸7, 15

は行

- 朴槿恵 ··············· ❶25, ❸10
- 非正規雇用労働者 ········· ❸20, 21
- 被選挙権 ············ ❷16, 22, 26
- ヒトラー（アドルフ・ヒトラー）
  ············· ❶10, 11, 12, 13, 27
- 秘密選挙 ················ ❷18
- ピューリタン革命（清教徒革命） ··· ❷6, 7
- 平等選挙 ················ ❷18, 19
- ピョートル1世 ············· ❶9
- 比例区 ··················· ❸9
- 貧困率 ·················· ❸17
- プーチン（ウラジーミル・プーチン）
  ············ ❶25, 28, 29, ❸13
- フセイン（サダム・フセイン） ····· ❶18
- 普通選挙 ··········· ❷18, 19, ❸24
- 扶養控除 ················ ❸21
- フランクリン・ルーズベルト ······ ❶24
- フランコ（フランシスコ・フランコ）··· ❶12
- フランス革命 ·········· ❶6, 7, 8
- プロシア憲法 ·············· ❷10
- 平和主義 ················ ❷15
- ペニャ・ニエト（エンリケ・ペニャ・ニエト）··· ❸13
- ベン・アリ ··········· ❶22, 23, ❸29
- 法治国家 ················ ❷10
- 法の精神 ················ ❷12
- 法律 ❶11, 21, ❷8, 9, 13, 27, ❸9, 21, 23
- ホメイニ ················· ❶17
- ポル・ポト（サロット・サル）····· ❶13
- ボルキア（ハサナル・ボルキア）···· ❶24
- ホロコースト ·············· ❶12

ま行

- マハティール・ビン・モハマッド ····· ❸29
- マルクス（カール・マルクス） ····· ❶15
- マルクス主義 ·············· ❶15
- マルコス（フェルディナンド・マルコス）
  ················· ❶16, 17
- 民主化 ❶6, 13, 20, 21, 22, 26, 28, ❸13, 25
- 民主化運動 ❶17, 20, 21, 22, 23, 25, 26, 27, ❷21, ❸13
- 民主主義指数
  ··· ❸6, 7, 8, 10, 11, 12, 15, 20, 21, 24, 28
- 民政移管 ············ ❷21, ❸29
- ムガベ（ロバート・ムガベ）······ ❶19
- ムスリム同胞団 ············ ❷20
- ムッソリーニ（ベニート・ムッソリーニ）··· ❶11
- ムバラク（ムハンマド・ホスニー・ムバラク）
  ············ ❶23, ❷20, ❸29
- ムハンマド・ブハリ ·········· ❸29
- ムハンマド・モルシ ·········· ❸29
- メアリー2世 ··············· ❷7
- 明治維新 ················ ❸26
- 名誉革命 ················· ❷7
- メドベージェフ（ドミトリー・メドベージェフ）··· ❶25
- 毛沢東 ············· ❶13, 26, 27, 28
- 森友問題 ················ ❸26
- モンテスキュー ············· ❷12

や行

- 有権者 ······· ❷16, 17, 19, 23, ❸8, 9, 12

ら行

- リコール ················· ❷17
- 立法 ·············· ❶27, ❷12, 13
- 劉暁波 ·················· ❶27
- ルイ14世 ················· ❶8, 9
- レーニン（ウラジーミル・レーニン）··· ❶12
- 連合国軍最高司令官総司令部（GHQ）··· ❷14
- 連邦制 ·················· ❷24
- 労働組合 ··············· ❷26, 27

国・地域名さくいん

日本をのぞく。

- アイスランド ············ ❸14, 15
- アメリカ
  ··· ❶9, 12, 14, 18, 19, 24, 25, 27, 29, ❷8, 10, 14, 24, 28, ❸14, 15, 16, 17, 18, 25
- アルジェリア ·············· ❶23
- アルゼンチン ·············· ❶20
- イエメン ············· ❶23, ❸29
- イギリス ❶7, 9, 12, 18, 19, 24, ❷6, 7, 8, 12, 13, 21, 24, 28, ❸6, 12, 16, 17, 25
- イスラエル ··········· ❶12, ❸14, 15
- イタリア ❶6, 11, 12, ❷24, ❸18, 19
- イラク ··················· ❶18
- イラン ············· ❶17, 18, ❸29
- インド ··············· ❶20, ❷21
- インドネシア ············ ❶16, 17
- ウガンダ ················· ❶19
- エジプト ········ ❶23, ❷20, ❸12, 29
- オーストリア ··············· ❸16
- オマーン ················· ❶23
- オランダ ············ ❶7, 19, ❷7
- 韓国 ··········· ❶17, 18, 24, 25, ❸10, 16
- カンボジア ················ ❶13
- 北朝鮮 ·········· ❶10, 11, 13, ❷13, ❸12
- キューバ ··············· ❶14, 29
- ギリシャ ················ ❶6, 20
- クウェート ··············· ❶18, 23
- サウジアラビア ······ ❶19, 22, 23, ❸29
- シリア ··············· ❶23, 29
- 新疆ウイグル自治区 ··········· ❸29
- ジンバブエ ················ ❶19
- スウェーデン ❶9, ❷24, ❸6, 7, 14, 16
- スペイン ········· ❶12, 13, 19, 20
- ソ連 ❶12, 14, 20, 25, 27, 29, ❸14, 15
- タイ ··················· ❸29
- タンザニア ················ ❶19
- 中国 ··· ❶10, 11, 13, 14, 20, 26, 27, 28, ❷12, 13, 24, 28, ❸18, 29
- チュニジア ·············· ❶22, 23
- デンマーク ·········· ❸14, 15, 16, 17
- ドイツ ········ ❶7, 10, 11, 12, 15, 20, ❷10, 24
- トルコ ··········· ❶20, 29, ❸13, 16
- ナイジェリア ··············· ❸29
- ノルウェー ·········· ❸6, 7, 9, 14, 15, 17
- バーレーン ················ ❶23
- パキスタン ················ ❶20
- パレスチナ ················ ❸15
- ハンガリー ················ ❶20
- 東ドイツ ·················· ❶20
- フィリピン ············ ❶16, 17, 20
- ブータン ················· ❶16
- ブラジル ·················· ❶20
- フランス ❶6, 7, 8, 9, 10, 12, 19, ❷7, 8, 9, 12
- ブルネイ ·················· ❶24
- ベトナム ·················· ❶14
- ペルー ··················· ❶20
- ポルトガル ·············· ❶19, 20
- 香港 ··················· ❸29
- マレーシア ················ ❸29
- ミャンマー ············ ❷21, ❸13
- メキシコ ············ ❸12, 13, 16
- モロッコ ················· ❶23
- ヨルダン ················· ❶23
- リビア ················· ❶19, 23
- ルクセンブルク ············· ❸18
- ルワンダ ·················· ❸9
- ロシア ❶9, 12, 14, 24, 25, 28, 29, ❸13, 15

■ **監修**

池上　彰（いけがみ　あきら）

1950年、長野県生まれ。慶應義塾大学卒業後、1973年、NHKに記者として入局。1994年から「週刊こどもニュース」キャスター。2005年3月NHK退社後、ジャーナリストとして活躍。名城大学教授、東京工業大学特命教授。著書に『ニュースの現場で考える』（岩崎書店）、『そうだったのか！　現代史』（集英社）、『伝える力』（PHP研究所）ほか多数。

■ **著**

稲葉　茂勝（いなば　しげかつ）

1953年、東京都生まれ。大阪外国語大学、東京外国語大学卒業。国際理解教育学会会員。子ども向け書籍のプロデューサーとして1200作品以上を発表。自らの著書は、『「戦争」と「平和」をあらわす世界の言葉』（今人舎）など、国際理解関係を中心に多数。2016年より「子どもジャーナリスト」として執筆活動を強化。

■ **編集・デザイン**

こどもくらぶ（中嶋　舞子、矢野　瑛子）

こどもくらぶは、あそび・教育・福祉の分野で子どもに関する書籍を企画・編集するエヌ・アンド・エス企画編集室の愛称。図書館用書籍として年間100タイトル以上を企画・編集している。主な作品は、「知ろう！　防ごう！　自然災害」全3巻、「和の食文化　長く伝えよう！　世界に広めよう！」全4巻、「政治のしくみを知るための　日本の府省しごと事典」全7巻（いずれも岩崎書店）など多数。

この本の情報は、2018年10月までに調べたものです。今後変更になる可能性がありますので、ご了承ください。

■ **制作**

（株）エヌ・アンド・エス企画

■ **表紙写真**

AP／アフロ

■ **大扉写真**

ロイター／アフロ

池上彰と考える「民主主義」　①民主主義ってなに？　　　NDC311

2018年12月31日　　第1刷発行

監修	池上彰	
編	こどもくらぶ	
発行者	岩崎弘明	編集担当　鹿島　篤（岩崎書店）
発行所	株式会社 岩崎書店	〒112-0005　東京都文京区水道1-9-2 電話　03-3813-5526（編集）　03-3812-9131（営業） 振替　00170-5-96822
印刷所	三美印刷株式会社	
製本所	株式会社若林製本工場	

©2018　Kodomo Kurabu
Published by IWASAKI Publishing Co., Ltd. Printed in Japan.
岩崎書店ホームページ　http://www.iwasakishoten.co.jp
ご意見、ご感想をお寄せ下さい。E-mail　info@iwasakishoten.co.jp
落丁本、乱丁本は送料小社負担でおとりかえいたします。
本書のコピー、スキャン、デジタル化等の無断複製は著作権法上での例外を除き禁じられています。本書を代行業者等の第三者に依頼してスキャンやデジタル化することは、たとえ個人や家庭内での利用であっても一切認められておりません。

32p 29cm×22cm
ISBN978-4-265-08711-2

池上彰と考える「民主主義」

監修／池上彰
編／こどもくらぶ

1 民主主義ってなに？

2 民主主義の国、そうでない国

3 日本の民主主義はどうなのか？

27 イエメン

国名／イエメン共和国

面積／55.5万km²

人口／約2,747万人

首都／サヌア

言語／アラビア語

28 イスラエル

国名／イスラエル国

面積／2.2万km²*¹

人口／約868万人

首都／エルサレム*²

言語／ヘブライ語、アラビア語

29 イラク

国名／イラク共和国

面積／約43.83万km²

人口／約3,720万人

首都／バグダッド

言語／アラビア語、クルド語（ともに公用語）ほか

30 イラン

国名／イラン・イスラム共和国

面積／1,648,195km²

人口／8,000万人

首都／テヘラン

言語／ペルシャ語、トルコ語、クルド語など

31 オマーン

国名／オマーン国

面積／約30万9千500km²

人口／456万人　首都／マスカット

言語／アラビア語（公用語）、英語も広く通用

32 クウェート

国名／クウェート国

面積／17,818km²

人口／428万人

首都／クウェート

言語／アラビア語

33 サウジアラビア

国名／サウジアラビア王国

面積／215万km²

人口／3,228万人

首都／リヤド

言語／アラビア語（公用語）

34 シリア

国名／シリア・アラブ共和国

面積／18.5万km²

人口／2,240万人

首都／ダマスカス

言語／アラビア語

35 トルコ

国名／トルコ共和国

面積／780,576km²

人口／79,814,871人

首都／アンカラ

言語／トルコ語（公用語）

36 バーレーン

国名／バーレーン王国

面積／769.8km²

人口／142.4万人

首都／マナーマ市

言語／アラビア語

37 パレスチナ

地域名／パレスチナ

面積／約6,020km²

人口／約495万人

首都／ラマッラ*³

言語／アラビア語

38 ヨルダン

国名／ヨルダン・ハシェミット王国

面積／8.9万km²

人口／945.5万人

首都／アンマン

言語／アラビア語（英語も通用）

*1 イスラエルが併合した東エルサレムおよびゴラン高原をふくむが、この併合は日本をふくめ国際的には承認されていない。　*2 日本をふくめ、国際的にはみとめられていない。